मानिस परमेश्वर सँग खुशीसाथ जिउनको निम्ति सृजिएको थियो।

यसैकारण परमेश्वरले मानिसलाई आफ्नै स्वरूपमा सृष्टि गर्नुभयो। परमेश्वरकै प्रतिरूपमा उहाँले तिनलाई सृष्टि गर्नुभयो। (उत्पत्ति १:२७)

तर मानिस अनाज्ञाकारी भएर परमेश्वरको बिरुद्धमा पाप गऱ्यो, यसरी ऊ उहाँदेखि टाढा भएर हिँड्न थाल्यो।

नतिजाहरू = चिन्ता + डर/मृत्यु

किनकि सबैले पाप गरेका छन्, र परमेश्वरको महिमासम्म पुग्नबाट चुकेका छन्। (रोमी ३:२३)

किनकि पापको ज्याला मृत्यु हो। (रोमी ६:२३)

परमेश्वरले पापी मानवलाई दया देखाउनु भयो र हाम्रो पापको छुटकाराको निम्ति येशू ख्रीष्टलाई यस संसारमा पठाउनुभयो।

किनभने परमेश्वर प्रेम हुनुहुन्छ (१ यूहन्ना ४:८)

किनकि मानिसको पुत्र सेवा पाउन होइन, तर सेवा गर्न र धेरैका छुटकाराको मोलको निम्ति आफ्नो प्राण दिन आएको हो। (मर्कूस १०:४५)

येशू हाम्रो पापको निम्ति मूल्य तिर्न क्रूसमा मर्नुभयो र तेस्रो दिनमा मृत्युबाट बौरिनुभयो। अब उहाँले हामीलाई दुई ओटा उपहार दिन चाहनुहुन्छ।

उपहारहरू = शान्ति + अनन्त जीवन

शान्ति म तिमीहरूसँग छोडिराख्छु। म आफ्नो शान्ति तिमीहरूलाई दिन्छु। संसारले दिएजस्तो म तिमीहरूलाई दिँदिनँ। तिमीहरूको हृदय व्याकुल नहोस् र भयभीत नहोस्। (यूहन्ना १४:२७)

म त तिनीहरूले जीवन पाऊन्, र त्यो प्रशस्त मात्रामा पाऊन् भन्ने हेतुले आएँ। (यूहन्ना १०:१०)

के तपाईं शान्ति र अनन्त जीवन पाउन चाहनुहुन्छ? तपाईंले येशू ख्रीष्टलाई आफ्नो हृदयमा स्वीकार गरेको परमेश्वर चाहनुहुन्छ ताकि तपाईं अनन्त जीवनको उपहार पाएर साँचो शान्तिमा जिउनुभएको होस्।

किनभने परमेश्वरले संसारलाई यस्तो प्रेम गर्नुभयो, कि उहाँले आफ्ना एक मात्र पुत्र दिनुभयो, ताकि उहाँमाथि विश्वास गर्ने कोही पनि नाश नहोस्, तर त्यसले अनन्त जीवन पाओस्। (यूहन्ना ३:१६)

तर जतिले उहाँलाई ग्रहण गरे र उहाँको नाउँमाथि विश्वास गरे, उहाँले तिनीहरूलाई परमेश्वरका सन्तान हुने अधिकार दिनुभयो। (यूहन्ना १:१२)

यस समयमा येशूले तपाईंको हृदयको ढोकामा ढक्ढक्याई रहनुभएको छ।
अब तपाईंले निर्णय गर्नै पर्छ।
तपाईं यस पापपूर्ण संसारमा डर र चिन्तामा जिएर मरेपछि नर्कमा
अनन्त सम्म दुःख पाउन चाहनुहुन्छ
कि येशूलाई ग्रहण गरेर शान्ति र अनन्त जीवन पाउन चाहनुहुन्छ?

के तपाईं येशूलाई आफ्नो हृदयमा तपाईंको प्रभु र मुक्तिदाताको
रूपमा ग्रहण गर्न चाहनुहुन्छ?

हेर, म ढोकामा उभिएर ढकढक्याउँछु। कसैले मेरो सोर सुनेर ढोका
खोलिदियो भने, म त्यसकहाँ भित्र पस्नेछु र त्यससँग भोजन खानेछु,
र त्यसले मसँग खानेछ। (प्रकाश ३:२०)

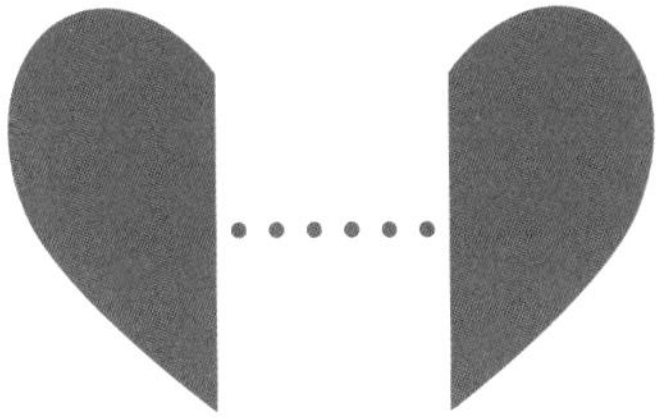

तपाईंले अत्यन्त महत्त्वपूर्ण निर्णय गर्नुभयो।
कृपया यसरी प्रार्थना गर्नुहोस्:

परमेश्वर पिता म पापी हुँ। म तपाईंको अघि पश्चात्ताप गर्छु। मेरो पापदेखि मलाई क्षमा गर्नुहोस्। येशू क्रूसमा मेरो निम्ति मर्नुभयो र मेरो पापको मूल्य तिर्न चिहानबाट बौरनुभयो भनी म विश्वास गर्दछु। मेरो हृदयमा मेरा प्रभु र मुक्तिदाताको रूपमा आउनुहोस्। येशूको नाउँमा आमेन्

तपाईंले येशू ख्रीष्टलाई आफ्नो हृदयमा ग्रहण गर्नुभयो।
अब तपाईं परमेश्वरको सन्तान हुनुभयो।

कृपया नजिकको चर्चमा जानुहोस्
र परमेश्वरको वचन सुन्दै प्रार्थना गर्दै
परमेश्वरसँग खुशीको जीवन जिउनु होस्।